大方廣佛華嚴經 寫經

60

🏵 일러두기

1. 『사경본 한글역 대방광불화엄경』은 『독송본 한문·한글역 대방광불화엄경』에 수록된 한글역을 사경하는 데 편의를 도모하기 위해 편집을 달리하여 간행한 것이다.

2. 『독송본 한문·한글역 대방광불화엄경』은 실차난타가 한역(695~699)한 80권 『대방광불화엄경』의 한문 원문과 한글역을 함께 수록한 것이다. 한문 저본은 고종 2년(1865) 월정사에서 인경한 고려대장경 『대방광불화엄경』이다.

3. 한글 번역은 동국역경원에서 발간한 한글 『대방광불화엄경』(운허)을 중심으로 하고 『신화엄경합론』(탄허)과 『대방광불화엄경 강설』(여천무비) 그리고 최근의 여타 번역본 등을 참조하였다.

4. 한글 번역은 독송과 사경을 위하여 정확성과 아울러 가독성을 고려하였다. 극존칭은 부처님과 불경계에 대해서만 사용하였다.

5. 사경본의 차례는 일러두기 → 한글역 본문 → 화엄경 목차 → 간행사이며 80권 『대방광불화엄경』의 권별 목차 순으로 독송본과 함께 간행한다. (법공양판에는 간행사 다음에 간행불사 동참자를 밝혀 두었다.)

사경본 한글역
대방광불화엄경 제60권

39. 입법계품 [1]

수미해주

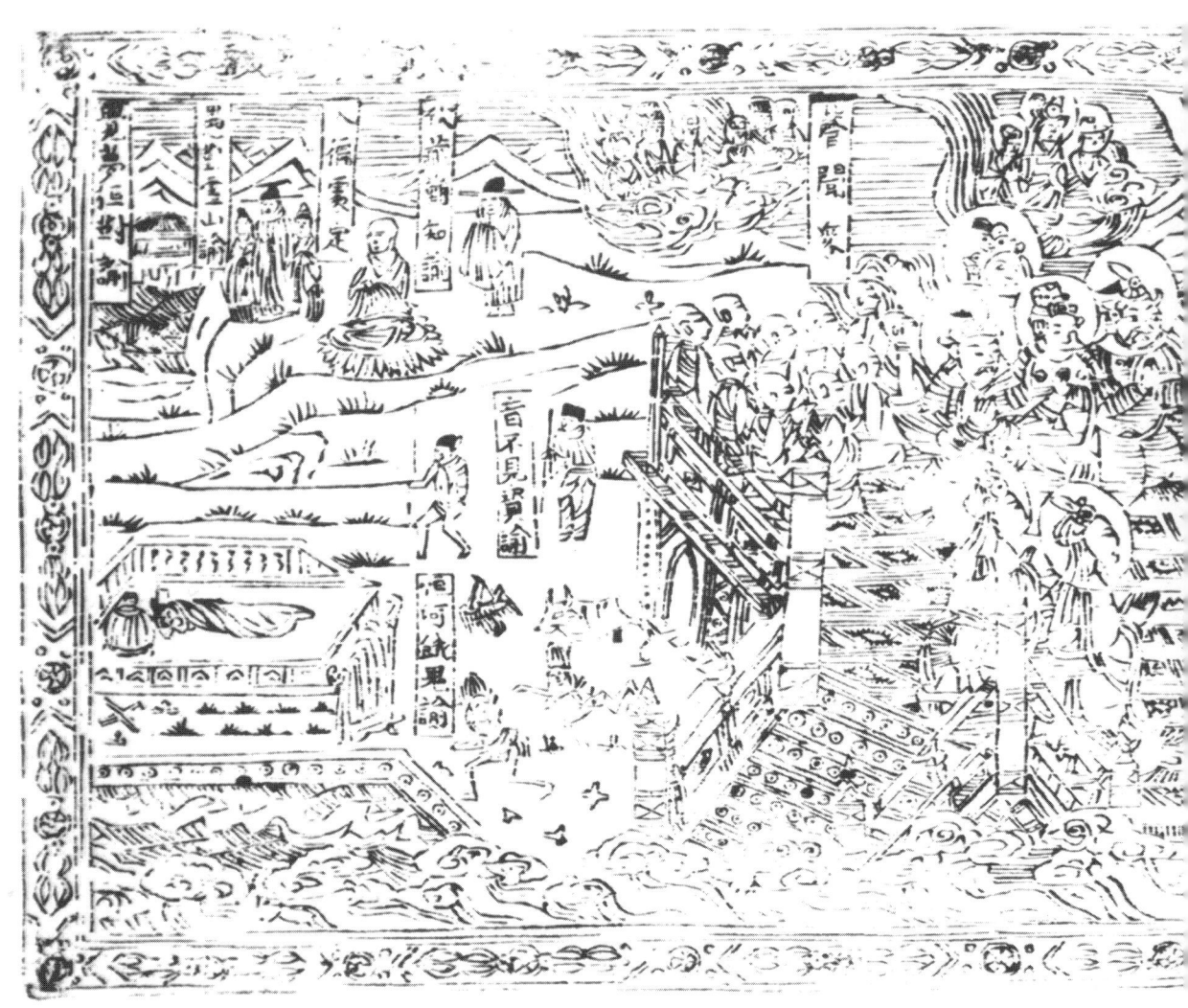

대방광불화엄경 제60권 변상도

대방광불화엄경
제60권

39. 입법계품 [1]

_____ 은(는) 『대방광불화엄경』을
사경하는 인연공덕으로
『화엄경』이 널리 유통되고
우리 모두 다함께 보리 이루기를 발원하옵니다.

대방광불화엄경
제60권

39. 입법계품 [1]

그때에 세존께서 실라벌국 서다림 급고독원의 대장엄중각에서 보살마하살 오백 사람과 함께 계시었다.

보현 보살과 문수사리 보살이 상수가 되었다.

그 이름은 광염당 보살과 수미당 보살과 보당 보살과 무애당 보살과 화당 보살과 이구당 보살과 일당 보살과 묘당 보살과 이진당 보살과 보광당 보살이다.

지위력 보살과 보위력 보살과 대위력 보살과 금강지위력 보살과 이진구위력 보살과 정법일위력 보살과 공덕산위력 보살과 지광영위력 보살과 보길상위력 보살이다.

지장 보살과 허공장 보살과 연화장 보살과 보장 보살과 일장 보살과 정덕장 보살과 법인장 보살과 광명장 보살과 제장 보살과 연화덕장 보살이다.

선안 보살과 정안 보살과 이구안 보살과 무애안 보살과 보견안 보살과 선관안 보살과 청련화안 보살과 금강안 보살과 보안 보살과 허공안 보살과 희안 보살과 보안 보살이다.

천관 보살과 보조법계지혜관 보살과 도량관 보살과 보조시방관 보살과 일체불장관 보살과 초출일체세간

관 보살과 보조관 보살과 불가괴관 보살과 지일체여래사자좌관 보살과 보조법계허공관 보살이다.

 범왕계 보살과 용왕계 보살과 일체화불광명계 보살과 일체도량계 보살과 일체원해음보왕계 보살과 일체불광명마니계 보살과 시현일체허공평등상마니왕장엄계 보살과 시현일체여래신변마니왕당망수부계 보살과 출일체불전법륜음계 보살과 설삼세일체명자음계 보살이다.

 대광 보살과 이구광 보살과 보광

보살과 이진광 보살과 염광 보살과 법광 보살과 적정광 보살과 일광 보살과 자재광 보살과 천광 보살이다.

복덕당 보살과 지혜당 보살과 법당 보살과 신통당 보살과 광당 보살과 화당 보살과 마니당 보살과 보리당 보살과 범당 보살과 보광당 보살이다.

범음 보살과 해음 보살과 대지음 보살과 세주음 보살과 산상격음 보살과 변일체법계음 보살과 진일체법해뇌음 보살과 항마음 보살과 대비방

편운뢰음 보살과 식일체세간고안위음 보살이다.

법상 보살과 승상 보살과 지상 보살과 복덕수미상 보살과 공덕산호상 보살과 명칭상 보살과 보광상 보살과 대자상 보살과 지해상 보살과 불종상 보살이다.

광승 보살과 덕승 보살과 상승 보살과 보명승 보살과 법승 보살과 월승 보살과 허공승 보살과 보승 보살과 당승 보살과 지승 보살이다.

사라자재왕 보살과 법자재왕 보살

과 상자재왕 보살과 법자재왕 보살과 산자재왕 보살과 중자재왕 보살과 속질자재왕 보살과 적정자재왕 보살과 부동자재왕 보살과 세력자재왕 보살과 최승자재왕 보살이다.

적정음 보살과 무애음 보살과 지진음 보살과 해진음 보살과 운음 보살과 법광음 보살과 허공음 보살과 설일체중생선근음 보살과 시일체대원음 보살과 도량음 보살이다.

수미광각 보살과 허공각 보살과 이염각 보살과 무애각 보살과 선각 보살과 보조삼세각 보살과 광대각 보살과 보명각 보살과 법계광명각 보살이다.

이와 같은 등 보살마하살 오백 사람과 함께 계시었다.

이 모든 보살들이 모두 다 보현의 행원을 성취하였다.

경계가 걸림 없으니 일체 모든 부처님의 세계에 널리 두루하는 까닭이며, 몸을 나타냄이 한량없으니 일체 모든 여래를 친근하는 까닭이며, 깨끗한 눈이 장애가 없으니 일체 부처님의 신통 변화하시는 일을 보는 까닭이다.

이르는 곳이 제한이 없으니 일체 여래의 바른 깨달음을 이루시는 처소에 항상 널리 나아가는 까닭이며, 광명이 끝이 없으니 지혜의 광명으로 일체 실상의 법바다를 널리 비추는 까닭이며, 법을 설함이 다함이 없으니 청정한 변재가 끝이 없는 겁에 끝까지 다함이 없는 까닭이다.

허공계와 같으니 지혜로 행하는 바가 모두 청정한 까닭이며, 의지하는 바가 없으니 중생 마음을 따라 색신을 나타내는 까닭이며, 어리석은 눈병을 멸하여 없애니 중생계에 중생이 없음을 아는 까닭이며, 허공과 같은 지혜이니 큰 광명 그물로 법계를 비추는 까닭이다.

그리고 오백 성문 대중과 함께 계시었다. 모두 참된 진리를 깨닫고 다 실제를 증득하였다.

법의 성품에 깊이 들어가 영원히 존재의 바다에서 벗어났으며, 부처님의 공덕을 의지하여 번뇌의 얽매임을 여의었다.

걸림 없는 곳에 머물러 그 마음의 고요함이 마치 허공과 같으며, 모든 부처님의 처소에서 의혹을 길이 끊고 부처님의 지혜바다에 깊은 믿음으로 들어갔다.

그리고 한량없는 모든 세주들과 함께 계시었다. 모두 일찍이 한량없는 모든 부처님께 공양올리고 항상 일체 중생을 능히 이익하게 하며, 청하지 않은 벗이 되어 항상 부지런히 수호하였다.

　서원을 버리지 아니하며, 세간의 수승한 지혜의 문에 들어가며, 부처님의 가르침으로부터 태어나서 부처님의 바른 법을 보호하며, 큰 서원을 일으켜 부처님 종자를 끊지 않으며, 여래의 가문에 태어나서 일체지를 구하였다.

　　　이때에 모든 보살들과 대덕 성문과

세간의 모든 왕들과 아울러 그 권속들이 다 이 생각을 하였다.

'여래의 경계와 여래의 지혜행과 여래의 가지와 여래의 힘과 여래의 두려움 없음과 여래의 삼매와 여래의 머무르시는 바와 여래의 자재하심과 여래의 몸과 여래의 지혜를, 일체 세간의 모든 천신과 사람들이 능히 통달하지 못하며, 능히 들어가지 못하며, 능히 믿고 이해하지 못하며, 능히 밝게 알지 못하며, 능히 참고 받아들이지 못하며, 능히 살펴보지 못하며, 능히 가려내지 못하며, 능히 열어 보이지 못하며, 능히 펴서 밝히지 못하며, 능히 중생들로 하여금 알게 하지 못한다.

오직 모든 부처님의 가피하신 힘과, 부처님의 신통하신 힘과, 부처님의 위덕의 힘과, 부처님의 본래 서원하신 힘과, 그리고 그 지난 세상의 선근의 힘과, 모든 선지식의 거두어 주는 힘과, 깊고 깨끗하게 믿는 힘과, 크고 밝게 아는 힘과, 보리로 향해 나아가는 청정한 마음의 힘과, 일체지를 구하는 광대한 서원의 힘은 제외된다.

　오직 원하오니 세존께서는 우리들과 모든 중생들의 갖가지 욕망과 갖가지 지해와 갖가지 지혜와 갖가지 말과 갖가지 자재함과 갖가지 머무르는 지위와 갖가지 근의 청정함과 갖가지 뜻의 방편과 갖가지 마음의 경계와 갖가지 여래의 공덕을 의지함과 갖가지 모든 설하는 바 법을 들음을 따라서, 여래의 지난 옛적에 일체지를 구하시던 마음과, 지난 옛적에 일으키신 바 보살의 큰 서원과, 지난 옛적에 깨끗하게 하신 바 모든 바라밀과, 지난 옛적에 들어가신 바 보살의 모든 지위와, 지난 옛적에 원만히 하신 모든 보살들의 수행과, 지난 옛적에 성취하신 방편과, 지난 옛적에 수행하신 모든 도와, 지난 옛적에 얻으신 바 벗어나는 법과, 지난 옛적에 지으신 바 신통한 일과, 지난 옛적에 있었던 본생 일의 인연과, 그리고 평등하고 바른 깨달음을 이루심과, 미묘한 법륜을 굴리심과, 부처님의 국토를 청정하게 하심과, 중생을 조복하심과, 일체지의 법의 성을 여심과, 일체 중생의 길을 보이심과, 일체 중생의 머무르는 바에 들어가심과, 일체 중생의 보시한 바를 받으심과, 일체 중생을 위하여 보시의 공덕을 설하심과, 일체 중생을 위하여 모든 부처님의 영상을 나타내 보이신, 이와 같은 등의 법을 원하건대 다 설하여 주소서.'

그때에 세존께서 모든 보살들의 마음에 생각한 바를 아시고 대비로 몸을 삼고, 대비로 문을 삼고, 대비로 머리를 삼고, 대비의 법으로 방편을 삼아 허공에 두루 충만하여 사자빈신삼매에 드시었다.

이 삼매에 드심에 일체 세간이 널리 모두 깨끗하게 장엄되었다.
그때에 이 대장엄누각이 홀연히 넓어져서 끝이 없었다. 금강으로 땅이 되고, 보배왕으로 위에 덮고, 한량없는 보배 꽃과 그리고 모든 마니들을 그 가운데 널리 흩어서 곳곳에 가득하였다. 유리로 기둥이 되었는데 온갖 보배를 합하여 이루어진 큰 광명 마니로 장엄한 것이다.

　염부단금과 여의보왕을 그 위에 두루 얹어서 장엄하게 꾸몄으며, 높이 솟은 누각이 멀리 둘러 있고 복도가 곁으로 뻗었으며, 추녀와 지붕이 서로 이어졌고 창과 문이 서로 비추며, 섬돌과 마루 난간들이 갖가지로 구비되었다.

일체가 다 미묘한 보배로 장엄되었는데, 그 보배가 모두 사람과 천신의 형상으로 되었으며 견고하고 미묘하고 아름답기가 세상에서 제일이었다.

마니보배 그물로 그 위를 두루 덮었고 모든 문 옆에 모두 당기 번기를 세웠으며, 다 광명을 놓아 법계에 널리 두루하며, 도량 밖에 계단과 난간들이 그 수가 한량없어 말할 수 없으나 모두 마니로 이루어지지 않음이 없었다.

그때에 다시 부처님의 위신력인 까닭으로 그 서다림이 홀연히 넓어져서 말할 수 없는 부처님 세계 미진수의 모든 부처님 국토와 더불어 그 양이 똑같으며, 일체 미묘한 보배로 사이사이를 장엄하였다.

말할 수 없는 보배가 그 땅에 두루 깔렸으며, 아승지 보배로 담장이 되고 보배 다라 나무로 길 옆을 장엄하고, 그 사이에 다시 한량없는 향하가 있는데 향수가 가득하여 물결이 빠르게 소용돌이치며 돌아 흘렀다.

일체 보배 꽃이 흐름을 따라 오른쪽으로 돌면서 저절로 부처님 법의 음성을 연출하며, 부사의한 보배의 흰 연꽃은 봉오리에서 향기가 퍼지면서 물 위에 가득 펼쳐졌으며, 온갖 보배 꽃 나무가 그 언덕에 줄지어 심어져 있었다.

갖가지 정자들이 헤아릴 수 없이 다 언덕 위에 차례로 줄지어 있고 마니보배 그물로 두루 덮여졌다. 아승지 보배가 큰 광명을 놓고, 아승지 보배로 그 땅을 장엄하였으며, 온갖 미묘한 향을 사르니 향기가 진동하였다.

 다시 한량없는 갖가지 보배 당기를 세웠다. 이른바 보배 향 당기와, 보배 옷 당기와, 보배 번기 당기와, 보배 비단 당기와, 보배 꽃 당기와, 보배 영락 당기와, 보배 화만 당기와, 보배 방울 당기와, 마니보배 일산 당기와, 큰 마니보배 당기와, 광명이 두루 비추는 마니보배 당기와, 일체 여래의 명호와 음성을 내는 마니왕 당기와, 사자 마니왕 당기와, 일체 여래의 본생 일바다를 설하는 마니왕 당기와, 일체 법계의 영상을 나타내는 마니왕 당기가 시방에 두루하여 줄을 지어 장엄하였다.

그때에 서다림 위의 허공 가운데 부사의한 하늘 궁전 구름과 수없는 향 나무 구름과 말할 수 없는 수미산 구름과 말할 수 없는 기악 구름이 있어 미묘한 음성을 내어 여래를 노래로 찬탄하며, 말할 수 없는 보배 연꽃 구름과 말할 수 없는 보배 자리 구름에 하늘 옷을 깔고 보살이 위에 앉아 부처님 공덕을 찬탄하였다.

말할 수 없는 모든 천왕 형상들의 마니보배 구름과 말할 수 없는 백진주 구름과 말할 수 없는 적진주 누각 장엄거리 구름과 말할 수 없는 금강을 비내리는 견고한 진주 구름이 모두 허공에 머물러 두루 가득하게 퍼져서 장엄하게 장식하였다.

왜냐하면 여래의 선근이 부사의한

까닭이며, 여래의 흰 법이 부사의한 까닭이며, 여래의 위신력이 부사의한 까닭이며, 여래께서 능히 한 몸으로 자재하게 변화하여 일체 세계에 두루하심이 부사의한 까닭이다.

여래께서 능히 위신력으로 일체 부처님과 부처님 국토의 장엄을 다 그 몸에 들게 하심이 부사의한 까닭이며, 여래께서 능히 한 미진 안에 널리 일체 법계의 영상을 나타내심이 부사의한 까닭이다.

여래께서 능히 한 모공 속에 과거

일체 모든 부처님을 나타내 보이심이 부사의한 까닭이며, 여래께서 낱낱 광명 놓으심을 따라서 모두 능히 일체 세계를 두루 비추심이 부사의한 까닭이다.

여래께서 능히 한 모공 속에 일체 부처님 세계 미진수의 변화하는 구름을 내어 일체 모든 부처님 국토에 충만하게 하심이 부사의한 까닭이며, 여래께서 능히 한 모공 속에 일체 시방세계가 이루어지고 머무르고 무너지는 겁을 널리 나타내심이 부사의한 까닭이다.

　이 서다림 급고독원에서 부처님 국토의 청정한 장엄을 보듯이, 시방 일체 온 법계 허공계의 일체 세계에서도 또한 이와 같이 보았다. 이른바 여래의 몸이 서다림에 머무르심에 보살 대중모임이 모두 다 두루 가득함을 보았다.

　일체 장엄을 널리 비내리는 구름을 보며, 일체 보배를 널리 비내려 광명이 밝게 비추는 구름을 보며, 일체 마니보배를 널리 비내리는 구름을 보며, 일체 장엄한 일산을 널리 비내려 부처님 세계를 두루 덮는 구름을 보며, 일체 하늘 몸을 널리 비내리는 구름을 보며, 일체 꽃 나무를 널리 비내리는 구름을 보았다.

일체 옷 나무를 널리 비내리는 구름을 보며, 일체 보배 화만과 영락을 널리 비내려 계속하여 끊이지 아니하여 일체 대지에 두루하는 구름을 보며, 일체 장엄거리를 널리 비내리는 구름을 보며, 일체 중생의 형상과 같은 갖가지 향을 널리 비내리는 구름을 보았다.

  일체 미묘한 보배 꽃 그물을 널리 비내려 계속하여 끊이지 않는 구름을 보며, 일체 모든 천녀들을 널리 비내려 보배 당기와 번기를 들고 허공 속에서 두루 돌며 오고 가는 구름을 보며, 일체 온갖 보배 연꽃을 널리 비내려 꽃과 잎 사이에서 저절로 갖가지 음악 소리가 나오는 구름을 보며, 일체 사자좌를 널리 비내려 보배 그물과 영락으로 장엄된 구름을 보앉다.

그때에 동방으로 말할 수 없는 부처님 세계 미진수의 세계바다 밖을 지나서 세계가 있으니 이름이 '금등운당'이고, 부처님 명호는 '비로자나승덕왕'이시며, 그 부처님의 대중 가운데 보살이 있으니 이름이 '비로자나원광명'이다. 말할 수 없는 부처님 세계 미진수의 보살들과 함께 부처님 처소로 향하여 왔다.

모두 위신력으로 갖가지 구름을 일으키니 이른바 하늘 꽃 구름과, 하늘 향 구름과, 하늘 가루향 구름과, 하늘 화만 구름과, 하늘 보배 구름과, 하늘 장엄거리 구름과, 하늘 보배 일산 구름과, 하늘의 미묘한 옷 구름과, 하늘 보배 당기 번기 구름과, 하늘의 일체 미묘한 보배 모든 장엄 구름이 허공에 가득하였다.

부처님 처소에 이르러서 부처님 발에 정례하고, 곧 동방에 보배로 장엄한 누각과 시방을 널리 비추는 보배 연화장 사자좌를 변화하여 만들고 여의 보배 그물로 그 몸에 두르고 그 권속들과 더불어 결가부좌하였다.

　남방으로 말할 수 없는 부처님 세계 미진수의 세계바다 밖을 지나서 세계가 있으니 이름이 '금강장'이고, 부처님 명호는 '보광명무승장왕'이시며, 그 부처님의 대중 가운데 보살이 있으니 이름이 '불가괴정진왕'이다. 말할 수 없는 부처님 세계 미진수의 보살들과 함께 부처님 처소로 향하여 왔다.

　일체 보배 향 그물을 가지고, 일체 보배 영락을 가지고, 일체 보배 꽃 띠를 가지고, 일체 보배 화만 띠를 가지고, 일체 금강 영락을 가지고, 일체 마니보배 그물을 가지고, 일체 보배 옷 띠를 가지고, 일체 보배 영락 띠를 가지고, 일체 가장 수승한 광명 마니 띠를 가지고, 일체 사자 마니보배 영락을 가지고, 모두 위신력으로 일체 모든 세계바다에 두루 가득하게 하였다.

부처님 처소에 이르러서 부처님 발에 정례하고, 곧 남방에 세간을 두루 비추는 마니보배로 장엄한 누각과 시방을 널리 비추는 보배 연화장 사자좌를 변화하여 만들고 일체 보배 꽃 그물로 그 몸에 두르고 그 권속들과 더불어 결가부좌하였다.

서방으로 말할 수 없는 부처님 세계 미진 수의 세계바다 밖을 지나서 세계가 있으니 이름이 '마니보등수미산당'이고, 부처님 명호는 '법계지

등'이시며, 그 부처님의 대중 가운데 보살이 있으니 이름이 '보승무상위덕왕'이다. 세계바다 미진수의 보살들과 함께 부처님 처소로 향하여 왔다.

　모두 위신력으로 말할 수 없는 부처님 세계 미진수의 갖가지 바르는 향과 사르는 향의 수미산 구름과, 말할 수 없는 부처님 세계 미진수의 갖가지 빛 향수의 수미산 구름과, 말할 수 없는 부처님 세계 미진수의 일체 대지 미진과 같은 광명 마니보배왕의 수미산 구름과, 말할 수 없는 부처님 세계 미진수의 갖가지 빛 불꽃 바퀴로 장엄한 당기의 수미산 구름과, 말할 수 없는 부처님 세계 미진수의 갖가지 빛 금강장 마니왕으로 장엄한 수미산 구름과, 말할 수 없는 부처님 세계 미진수의 일체 세계를 널리 비추는 염부단 마니보배 당기의 수미산 구름과, 말할 수 없는 부처님 세계 미진수의 일체 법계를 나타내는 마니보배의 수미산 구름과, 말할 수 없는 부처님 세계 미진수의 일체 모든 부처님의 상호를 나타내는 마니보배왕의 수미산 구름과, 말할 수 없는 부처님 세계 미진수의 일체 여래의 본생 일의 인연을 나타내고 모든 보살들의 행하던 행을 설하는 마니보배왕의 수미산 구름과, 말할 수 없는 부처님 세계 미진수의 일체 부처님께서 보리도량에 앉으심을 나타내는 마니보배왕의 수미산 구름을 일으켜 법계에 가득하게 하였다.

　부처님 처소에 이르러서 부처님 발에 정례하고, 곧 서방에 일체 향왕 누각을 변화하여 만들어 진주 보배 그물로 그 위를 두루 덮고, 제석의 그림자 당기 보배의 연화장 사자좌를 변화하여 만들고 미묘한 빛 마니 그물로 그 몸에 두르며 십왕 보배 관으로 그 머리를 장엄하고 그 권속들과 더불어 결가부좌하였다.

 북방으로 말할 수 없는 부처님 세계 미진수의 세계바다 밖을 지나서 세계가 있으니 이름이 '보의광명당'이고, 부처님 명호는 '조허공법계대

광명'이시며, 그 부처님의 대중 가운데 보살이 있으니 이름이 '무애승장왕'이다. 세계바다 미진수의 보살들과 함께 부처님 처소로 향하여 왔다.

모두 위신력으로 일체 보배 옷 구름을 일으키니 이른바 황색 보배 광명 옷 구름과, 갖가지 향기를 풍기는 옷 구름과, 해 당기 마니왕 옷 구름과, 금빛이 치성한 마니 옷 구름과, 일체 보배 빛 불꽃 옷 구름과, 일체 별 모양의 가장 미묘한 마니 옷 구름과, 백옥 빛 마니 옷 구름과, 광명이 두루 비추어 수승하고 아름답게 빛나는 마니 옷 구름과, 광명이 두루 비추어 위세가 치성한 마니 옷 구름과, 장엄바다 마니 옷 구름이 허공에 가득하였다.

부처님 처소에 이르러서 부처님 발에 정례하고, 곧 북방에 마니보배바다로 장엄한 누각과 비유리 보배 연화장 사자좌를 변화하여 만들고 사자 위덕 마니왕 그물로 그 몸에 두르며 청정한 보배왕으로 상투의 밝은 구슬을 삼고 그 권속들과 더불어 결가부좌하였다.

 동북방으로 말할 수 없는 부처님 세계 미진수의 세계바다 밖을 지나서 세계가 있으니 이름이 '일체환희청정광명망'이며, 부처님 명호는 '무애안'이시며, 그 부처님의 대중 가운데 보살이 있으니 이름이 '화현법계원월왕'이다. 세계바다 미진수의 보살들과 함께 부처님 처소로 향하여 왔다.

 모두 위신력으로 보배 누각 구름

과, 향 누각 구름과, 사르는 향 누각 구름과, 꽃 누각 구름과, 전단 누각 구름과, 금강 누각 구름과, 마니 누각 구름과, 금 누각 구름과, 옷 누각 구름과, 연꽃 누각 구름을 일으켜 시방의 일체 세계를 두루 덮었다.

부처님 처소에 이르러서 부처님 발에 정례하고, 곧 동북방에 일체 법계문 큰 마니 누각과 그리고 짝할 이 없는 향왕 연화장 사자좌를 변화하여 만들고 마니 꽃 그물로 그 몸에 두르고 미묘한 보배 창고 마니왕 관

을 쓰고 그 권속들과 더불어 결가부
좌하였다.

　동남방으로 말할 수 없는 부처님
세계 미진수의 세계바다 밖을 지나
서 세계가 있으니 이름이 '향운장엄
당'이고, 부처님 명호는 '용자재왕'
이시며, 그 부처님의 대중 가운데 보
살이 있으니 이름이 '법혜광염왕'이
다. 세계바다 미진수의 보살들과 함
께 부처님 처소로 향하여 왔다.
　모두 위신력으로 금빛 원만한 광명

구름과, 한량없는 보배 빛 원만한 광명 구름과, 여래의 백호상 원만한 광명 구름과, 갖가지 보배 빛 원만한 광명 구름과, 연화장 원만한 광명 구름과, 온갖 보배 나뭇가지 원만한 광명 구름과, 여래의 정수리 상투 원만한 광명 구름과, 염부단금 빛 원만한 광명 구름과, 햇빛 원만한 광명 구름과, 별과 달빛 원만한 광명 구름을 일으켜 모두 허공에 두루하게 하였다.

부처님 처소에 이르러서 부처님 발에 정례하고, 곧 동남방에 비로자나

최상의 보배 광명 누각과 금강 마니 연화장 사자좌를 변화하여 만들고 온갖 보배 빛 불꽃 마니왕 그물로 그 몸에 두르고 그 권속들과 더불어 결가부좌하였다.

　서남방으로 말할 수 없는 부처님 세계 미진수의 세계바다 밖을 지나서 세계가 있으니 이름이 '일광마니장'이고, 부처님 명호는 '보조제법지월왕'이시며, 그 부처님의 대중 가운데 보살이 있으니 이름이 '최파일체 마군지당왕'이다. 세계바다 미진수의 보살들과 함께 부처님 처소로 향하여 왔다.

일체 모공에서 허공계와 같은 꽃 불꽃 구름과, 향 불꽃 구름과, 보배 불꽃 구름과, 금강 불꽃 구름과, 사르는 향 불꽃 구름과, 번갯빛 불꽃 구름과, 비로자나 마니보배 불꽃 구름과, 일체 금빛 불꽃 구름과, 승장 마니왕 광명 불꽃 구름과, 삼세 여래바다와 같은 광명 불꽃 구름을 내니, 낱낱이 다 모공 속에서 나와 허공계에 두루하였다.

　부처님 처소에 이르러서 부처님 발에 정례하고, 곧 서남방에 시방 법계의 광명 그물을 널리 나타내는 큰 마니보배 누각과 향 등 불꽃 보배 연화장 사자좌를 변화하여 만들고 때를 여읜 창고 마니 그물로 그 몸에 두르고 일체 중생의 발심해서 나아가는 음성을 내는 마니왕으로 장엄하게 꾸민 관을 쓰고 그 권속들과 더불어 결가부좌하였다.

서북방으로 말할 수 없는 부처님 세계 미진수의 세계바다 밖을 지나서 세계가 있으니 이름이 '비로자나원마니왕장'이고, 부처님 명호는 '보광명최승수미왕'이시며, 그 부처님의 대중 가운데 보살이 있으니 이름이 '원지광명당'이다. 세계바다 미진수의 보살들과 함께 부처님 처소로 향하여 왔다.

생각생각 동안에 일체 상호와 일체 모공과 일체 몸의 부분에서 다 삼세 일체 여래의 형상 구름과, 일체 보살의 형상 구름과, 일체 여래의 대중모임 형상 구름과, 일체 여래의 변화한 몸 형상 구름과, 일체 여래의 본생 몸의 형상 구름과, 일체 성문과 벽지불의 형상 구름과, 일체 여래의 보리도량 형상 구름과, 일체 여래의 신통 변화 형상 구름과, 일체 세간 주인들의 형상 구름과, 일체 청정한 국토의 형상 구름을 내어 허공에 가득하였다.

부처님 처소에 이르러서 부처님 발에 정례하고, 곧 서북방에 시방을 널리 비추는 마니보배로 장엄한 누각과 세간을 널리 비추는 보배 연화장 사자좌를 변화하여 만들고 이길 수 없는 광명 진주 그물로 그 몸에 두르고 넓은 광명 마니보배 관을 쓰고 그 권속들과 더불어 결가부좌하였다.

하방으로 말할 수 없는 부처님 세계 미진수의 세계바다 밖을 지나서 세계가 있으니 이름이 '일체여래원만광보조'이고, 부처님 명호는 '허공무애상지당왕'이시며, 그 부처님의 대중 가운데 보살이 있으니 이름이 '파일체장용맹지왕'이다. 세계바다 미진수의 보살들과 함께 부처님 처소로 향하여 왔다.

일체 모공 속에서 일체 중생의 언어바다를 말하는 음성 구름을 내며, 일체 삼세 보살의 수행하는 방편바다를 말하는 음성 구름을 내며, 일체 보살이 일으킨 서원과 방편바다를 말하는 음성 구름을 내며, 일체 보살이 청정한 바라밀을 원만히 이루는 방편바다를 말하는 음성 구름을 내며, 일체 보살의 원만한 행이 일체 세계에 두루함을 말하는 음성 구름을 내었다.

　일체 보살이 자재한 작용 성취함을 말하는 음성 구름을 내며, 일체 여래께서 도량에 나아가 마군의 무리를 부수고 등정각을 이루시는 자재한 작용을 말하는 음성 구름을 내며, 일체 여래께서 법륜을 굴리시던 경전 법문의 명호바다를 말하는 음성 구름을 내며, 일체 마땅함을 따라 중생을 교화하고 조복하는 법의 방편바다를 말하는 음성 구름을 내며,

일체 때를 따르고 선근을 따르고 원력을 따라서 널리 중생들로 하여금 지혜를 증득하게 하는 방편바다를 말하는 음성 구름을 내었다.

부처님 처소에 이르러서 부처님 발에 정례하고, 곧 하방에 일체 여래의 궁전 형상을 나타내는 온갖 보배로 장엄한 누각과 일체 보배 연화장 사자좌를 변화하여 만들고 널리 도량의 그림자를 나타내는 마니보배 관을 쓰고 그 권속들과 더불어 결가부좌하였다.

상방으로 말할 수 없는 부처님 세계 미진수의 세계바다 밖을 지나서 세계가 있으니 이름이 '설불종성무유진'이고, 부처님 명호는 '보지륜광명음'이시며, 그 부처님의 대중 가운데 보살이 있으니 이름이 '법계차별원'이다. 세계바다 미진수의 보살들과 함께 저 도량에서 출발하여 이 사바세계의 석가모니부처님 처소로 향하여 왔다.

일체 상호와, 일체 모공과, 일체 몸의 부분과, 일체 손가락 발가락과,

일체 장엄거리와, 일체 의복 가운데 비로자나 등 과거의 일체 모든 부처님과 미래의 일체 모든 부처님의 이미 수기를 받았거나 아직 수기를 받지 못한 자와, 현재 시방 일체 국토의 일체 모든 부처님과 아울러 그 대중모임을 나타내었다.

또 과거에 보시바라밀을 행함과 그리고 그 일체 보시를 받은 자의 모든 본생 일바다를 나타내며, 또 과거에 지계바라밀을 행하던 모든 본생 일바다를 나타내며, 또 과거에 인욕

바라밀을 행함에 사지와 몸을 도려내어도 마음이 흔들리거나 어지럽지 않던 모든 본생 일바다를 나타내었다.

또 과거에 정진바라밀을 행함에 용맹하게 물러나지 않던 모든 본생 일바다를 나타내며, 또 과거에 일체 여래의 선바라밀바다를 구하여 성취하던 모든 본생 일바다를 나타내며, 또 과거에 일체 부처님께서 굴리신 법륜과 성취하신 법을 구함에 용맹한 마음을 내어 일체를 다 버리던 모든 본생 일바다를 나타내었다.

　또 과거에 일체 부처님 친견하기를 즐겨하고 일체 보살도를 행하기를 즐겨하고 일체 중생계를 교화하기를 즐겨하던 모든 본생 일바다를 나타내며, 또 과거에 내었던 일체 보살의 큰 서원으로 청정하게 장엄하던 모든 본생 일바다를 나타내며, 또 과거에 보살이 이루던 역바라밀의 용맹하고 청정한 모든 본생 일바다를 나타내며, 또 과거에 일체 보살이 닦아 원만하게 하던 지바라밀의 모든 본생 일바다를 나타내었다.

이와 같은 일체 본생 일바다가 모두 다 광대한 법계에 두루 가득하였다.

부처님 처소에 이르러서 부처님 발에 정례하고, 곧 상방에 일체 금강장으로 장엄한 누각과 제청 금강왕 연화장 사자좌를 변화하여 만들고 일체 보배 광명 마니왕 그물로 그 몸에 두르고 삼세 여래의 명호를 연설하는 마니보배왕으로 상투의 밝은 구슬을 삼고 그 권속들과 더불어 결가부좌하였다.

 이와 같이 시방의 일체 보살과 아울러 그 권속들이 다 보현 보살의 행원 가운데서 태어났다.

 청정한 지혜 눈으로 삼세 부처님을 친견하며, 일체 모든 부처님 여래께서 굴리신 법륜인 수다라바다를 널리 들으며, 일체 보살의 자재한 피안에 이미 이르렀으며, 생각생각에 큰 신통 변화를 나타내어 일체 모든 부처님 여래를 친근하며, 한 몸이 일체 세계 일체 여래의 대중이 모인 도량에 가득하였다.

한 티끌 속에 일체 세간의 경계를 널리 나타내어 일체 중생을 교화하여 성숙시키되 일찍이 때를 잃지 아니하였으며, 한 모공 속에서 일체 여래의 설법하시는 음성을 내었다.

일체 중생이 모두 다 환과 같음을 알며, 일체 부처님이 모두 다 그림자와 같음을 알며, 일체 모든 갈래에 태어남이 모두 다 꿈과 같음을 알며, 일체 업보가 거울 속의 영상과 같음을 알며, 일체 모든 존재의 일어남이 아지랑이와 같음을 알며, 일체 세계가 다 변화함과 같음을 알아서, 여래의 십력과 두려움 없음을 성취하였다.

　용맹하고 자재하여 능히 사자후하며, 다함없는 변재의 큰 바다에 깊이 들어가며, 일체 중생의 말의 바다와 모든 법의 지혜를 얻으며, 허공 법계에 다니는 바가 걸림이 없으며, 일체 법이 장애가 없음을 알았다.

　일체 보살의 신통한 경계가 다 이미 청정하였으며, 용맹하게 정진하여 마군을 꺾어 굴복시켰다.

항상 지혜로 삼세를 밝게 통달하며, 일체 법이 마치 허공과 같아서 어기거나 다툼이 없고 또한 집착이 없음을 알며, 비록 부지런히 정진하나 일체지가 마침내 온 바가 없음을 알며, 비록 경계를 보나 일체 존재가 모두 얻을 수 없음을 알며, 방편의 지혜로 일체 법계에 들어가며, 평등한 지혜로 일체 국토에 들어갔다.

자재한 힘으로 일체 세계로 하여금 더욱 더 서로 들어가게 하며, 일체 세계에 곳곳마다 태어나서 일체 세계의 갖가지 형상을 보며, 미세한 경계에서 광대한 세계를 나타내며, 광대한 경계에서 미세한 세계를 나타내며, 한 부처님 처소에서 한 생각 사이에 일체 부처님의 위신력으로 가피하신 바를 얻어서 널리 시방을 보아 미혹한 바가 없으며, 찰나 사이에 모두 나아갈 수 있었다.

　이와 같은 등 일체 보살이 서다림에 가득하였으니, 모두 여래의 위신력이었다.

이때에 모든 큰 성문들의 상수인 사리불과 대목건련과 마하가섭과 이바다와 수보리와 아누루타와 난타와 겁빈나와 가전연과 부루나 등의 모든 큰 성문들이 서다림에 있었다.

모두 다 여래의 위신력과, 여래의 장엄한 상호와, 여래의 경계와, 여래의 유희와, 여래의 신통 변화와, 여래의 높고 수승하심과, 여래의 미묘한 행과, 여래의 위덕과, 여래의 머물러 지니심과, 여래의 깨끗한 세계를 보지 못하였다.

또 다시 불가사의한 보살의 경계와, 보살의 큰 모임과, 보살의 널리 들어감과, 보살의 널리 이르름과, 보살의 널리 나아감과, 보살의 신통 변화와, 보살의 유희와, 보살의 권속과, 보살의 방소와, 보살의 장엄한 사자좌와, 보살의 궁전과, 보살의 주처와, 보살이 들어간 바 삼매의 자재함과, 보살의 관찰과, 보살의 기운 뻗음과, 보살의 용맹과, 보살의 공양과, 보살의 수기와, 보살의 성숙함과, 보살의 용맹하고 굳건함과, 보살의 법신이 청정함과, 보살의 지혜 몸이 원만함과, 보살의 서원 몸을 나타내 보임과, 보살의 색신 성취와, 보살의 모든 모습이 구족하고 청정함과, 보살의 항상한 광명이 온갖 빛으로 장엄함과, 보살이 놓는 큰 광명 그물과, 보살이 일으키는 변화하는 구름과, 보살의 몸이 시방에 두루함과, 보살의 모든 행이 원만함을 보지 못하였다.

이와 같은 등의 일을 일체 성문 모든 큰 제자들이 모두 다 보지 못하였다.

　무슨 까닭인가?
　선근이 같지 않은 까닭이며, 본래부터 부처님을 친견하는 자재한 선근을 닦아 익히지 않은 까닭이며, 본래부터 시방세계 일체 부처님 세계의 청정한 공덕을 찬탄하여 말하지 않은 까닭이며, 본래부터 모든 부처님 세존의 갖가지 신통 변화를 칭찬하지 않은 까닭이다.

본래부터 생사에 유전하는 가운데 아뇩다라삼먁삼보리심을 내지 않은 까닭이며, 본래부터 다른 이로 하여금 보리심에 머무르게 하지 않은 까닭이며, 본래부터 능히 여래의 종성이 끊어지지 않게 하지 않은 까닭이며, 본래부터 모든 중생들을 거두어 주지 않은 까닭이다.

본래부터 다른 이에게 보살의 바라밀을 닦아 익히도록 권하지 않은 까닭이며, 본래부터 생사에 유전하는

때에 중생에게 가장 수승한 큰 지혜의 눈을 구하도록 권하지 않은 까닭이며, 본래부터 일체지를 내는 모든 선근을 닦아 익히지 않은 까닭이며, 본래부터 여래께서 출세하시는 모든 선근을 성취하지 못한 까닭이다.

본래부터 부처님 세계를 깨끗하게 장엄하는 신통과 지혜를 얻지 못한 까닭이며, 본래부터 모든 보살의 눈으로 아는 경계를 얻지 못한 까닭이며, 본래부터 세간에서 벗어나는 함께하지 않는 보리의 모든 선근을 구하지 않은 까닭이며, 본래부터 일체 보살의 모든 큰 서원을 내지 않은 까닭이다.

본래부터 여래의 가피로 좇아 난 바가 아닌 까닭이며, 본래부터 모든 법이 환과 같고 보살이 꿈과 같음을 알지 못한 까닭이며, 본래부터 모든 큰 보살의 광대한 환희를 얻지 못한 까닭이다.

이와 같은 것이 다 보현 보살 지혜 눈의 경계이니, 일체 이승과 더불어 함께하는 바가 아니다.

이 인연으로 모든 큰 성문들이 볼 수 없고, 알 수 없고, 들을 수 없고, 들어갈 수 없고, 얻을 수 없고, 생각할 수 없고, 관찰할 수 없고, 헤아릴 수 없고, 사유할 수 없고, 분별할 수 없었다.

이런 까닭으로 비록 서다림에 있었으나 여래의 모든 큰 신통 변화를 보지 못하였다.

다시 또 모든 큰 성문들은 이와 같은 선근이 없는 까닭이며, 이와 같은 지혜의 눈이 없는 까닭이며, 이와 같은 삼매가 없는 까닭이다.

이와 같은 해탈이 없는 까닭이며, 이와 같은 신통이 없는 까닭이며, 이와 같은 위덕이 없는 까닭이다.

이와 같은 세력이 없는 까닭이며, 이와 같은 자재함이 없는 까닭이며, 이와 같은 머무르는 곳이 없는 까닭이며, 이와 같은 경계가 없는 까닭이다.

그러므로 이것을 알 수 없으며, 볼 수 없으며, 들어갈 수 없으며, 증득할 수 없으며, 머무를 수 없었다.

이해할 수 없으며, 관찰할 수 없으며, 견디어 받을 수 없으며, 향하여 나아갈 수 없으며, 노닐 수 없었다.

또한 널리 다른 사람을 위하여 활짝 열어 해설하며 칭찬하여 나타내 보이며 인도하고 나아가기를 권하여 그들로 하여금 향하여 나아가게 하고, 그들로 하여금 닦아 익히게 하고, 그들로 하여금 편안히 머무르게 하고, 그들로 하여금 증득하여 들어가게 할 수 없었다.

무슨 까닭인가?

모든 큰 제자들이 성문승을 의지하여 벗어난 까닭으로 성문의 도를 성취하며 성문의 행을 만족하며 성문의 과보에 편안히 머무른다.

'없다' '있다' 하는 진리에서 결정한 지혜를 얻으며 항상 실제에 머무르며 끝까지 고요하며 대비를 멀리 떠나서 중생들을 버리고 자기의 일에만 머무른다.

저 지혜를 쌓아 모을 수 없으며 닦아 행할 수 없으며 편안히 머무를 수 없으며 원하여 구할 수 없으며 성취할 수 없으며 청정히 할 수 없으며 들어갈 수 없으며 통달할 수 없으며 알고 볼 수 없으며 증득할 수 없다.

그러므로 비록 서다림 중에 있어서 여래를 대하였으나 이와 같은 광대한 신통 변화를 보지 못하였다.

불자들이여, 마치 항하의 언덕에 백천억 한량없는 아귀가 있으니, 헐벗고 굶주리고 목마르며 온몸이 불에 타며 까마귀와 독수리와 승냥이와 이리들이 다투어 와서 잡아채었다. 목마름에 시달리는 바가 되어 물을 구해 마시려 하지만, 비록 강가에 머무르면서도 물을 보지 못하고 설령 보는 자가 있더라도 그것을 마른 것으로 보는 것과 같다. 왜냐하면 깊고 두터운 업장에 덮인 바인 까닭이다.

저 큰 성문들도 또한 그러하여 비록 다시 서다림 중에 머물러 있지만 여래의 광대한 위신력을 보지 못하였으니, 일체지를 버려서 무명으로 가려진 막이 그 눈을 덮은 까닭이며 일찍이 살바야 지위의 모든 선근을 심지 못한 까닭이다.

비유하면 마치 어떤 사람이 큰 모임 중에서 편안히 잠을 자다가 홀연히 꿈에 수미산 꼭대기의 제석이 머무르는 바 선견대성을 보니, 궁전과 동산과 숲이 갖가지로 아름답게 장엄되었다.

백천만억의 천자와 천녀들이 널리 하늘 꽃을 흩뿌려 그 땅에 두루 가득하며 갖가지 옷 나무가 아름다운 옷을 내며 갖가지 꽃 나무가 아름다운 꽃을 피우며 모든 음악 나무가 하늘 음악을 연주하며 하늘의 모든 채녀들이 아름다운 음성으로 노래하며 한량없는 모든 천신들이 그 가운데 즐겁게 놀았다.

그 사람은 자신도 하늘 옷을 입고 널리 그곳에 머무르며 두루 돌아다니는 것을 보되, 그 큰 모임 가운데 일체 모든 사람들은 비록 같은 곳에 있으나 알지 못하고 보지 못한다.

왜냐하면 꿈속에서 보는 것은 그 대중들이 볼 수 있는 것이 아니다. 일체 보살과 세간의 모든 왕들도 또한 그러하여 오랫동안 선근의 힘을 쌓아 모은 까닭이며, 일체지의 광대한 원을 일으킨 까닭이며, 일체 부처님의 공덕을 배우고 익힌 까닭이다.

보살의 장엄하는 도를 수행한 까닭이며, 일체지의 지혜 법을 원만하게 한 까닭이며, 보현의 모든 행원을 만족한 까닭이다.

일체 보살의 지혜의 지위에 들어간 까닭이며, 일체 보살이 머무르는 바 모든 삼매에 유희한 까닭이며, 이미 일체 보살의 지혜의 경계를 능히 관찰하여 장애가 없는 까닭이다.

　그러므로 여래 세존의 불가사의하고 자재한 신통 변화를 다 보되 일체 성문인 모든 큰 제자들은 모두 볼 수 없었고 모두 알 수 없었으니, 보살의 청정한 눈이 없는 까닭이다.

　비유하면 마치 설산에는 온갖 약초를 갖추었으니 좋은 의사가 거기에 가면 모두 능히 분별하지만 그 모든 수렵하고 방목하는 사람은 그 산에 항상 머무르되 그 약초를 보지 못하는 것과 같다.

이 또한 그러하여 모든 보살들은 지혜의 경계에 들어가서 자재한 힘을 갖추어 능히 여래의 광대한 신통 변화를 보았으나, 모든 큰 제자들은 오직 자기 이익만 구하고 다른 이를 이익케 하려 하지 않으며 오직 자기 편안함만 구하고 다른 이를 편안케 하려 하지 않으므로 비록 서다림 중에 있지만 알지 못하고 보지 못하였다.

비유하면 마치 땅 속에 모든 보배 창고가 있어 갖가지 진기한 것이 모두 다 가득한데, 어떤 한 장부가 총명하고 지혜가 밝게 통달하여 일체 묻힌 것을 잘 능히 분별하며, 그 사람이 다시 큰 복덕의 힘이 있어서 능히 하고자 하는 바를 따라 자재하게 취하여 부모를 봉양하고 친척과 권속들을 돌보며, 늙고 병들고 궁핍한 이들에게 고르게 도와주지 않음이 없지만, 그 지혜가 없고 복덕이 없는 사람은 비록 또한 보물이 묻힌 곳에 이르더라도 알지 못하고 보지 못하여 그 이익을 얻지 못하는 것과 같다.

이 또한 그러하여 모든 큰 보살들은 깨끗한 지혜의 눈이 있어서 능히 여래의 불가사의한 매우 깊은 경계에 들어가며, 능히 부처님의 위신력을 보며, 능히 모든 법문에 들어가며, 능히 삼매바다에 노닐며, 능히 모든 부처님께 공양올리며, 능히 바른 법으로 중생들을 깨우치며, 능히 사섭법으로 중생들을 거두어 주지만, 모든 큰 성문들은 여래의 위신력을 볼 수 없고 또한 모든 보살 대중들을 볼 수 없다.

비유하면 마치 눈먼 사람이 큰 보배섬에 이르러 다니고 머무르고 앉고 눕되 일체 온갖 보배를 볼 수 없으니, 보지 못하는 까닭으로 능히 채취하지 못하며 능히 수용하지 못하는 것과 같다.

이 또한 그러하여 모든 큰 제자들이 비록 서다림 중에 있어서 세존을 친근하지만 여래의 자재한 위신력을 보지 못하며, 또한 보살의 큰 모임을 보지 못한다.

왜냐하면 보살의 걸림 없는 깨끗한

눈이 없어서 능히 차례로 법계에 깨달아 들어가 여래의 자재한 힘을 보지 못하는 까닭이다.

비유하면 마치 어떤 사람이 청정한 눈을 얻었으니 이름이 '때를 여읜 광명'이다. 일체 어두움이 능히 장애가 되지 못한다.

이때에 그 사람이 밤의 어두움 속에서 한량없는 백천만억 사람들 속에 있어서 가거나 머무르거나 앉거나 혹 눕거나 그 모든 사람들의 형상과 위의를 이 눈 밝은 사람은 갖추어 보지 못함이 없지만, 그 눈 밝은 자의 나아가고 물러나는 위의를 그 모든 사람들이 모두 능히 보지 못하는 것과 같다.

부처님께서도 또한 이와 같아서 지혜의 눈을 성취하여 청정하고 걸림이 없어서 일체 세간을 모두 능히 밝게 보시지만, 그 나타내 보이시는 바 신통 변화와 큰 보살 대중들에게 함께 둘러싸인 바를 모든 큰 제자들은 다 볼 수 없다.

비유하면 마치 비구가 대중들 가운

데 있어서 변처정에 든 것과 같다.

이른바 땅 변처정과, 물 변처정과, 불 변처정과, 바람 변처정과, 푸른 변처정과 노란 변처정과 붉은 변처정과 흰 변처정과 하늘 변처정과, 갖가지 중생 몸의 변처정과, 일체 말과 음성의 변처정과, 일체 반연할 바의 변처정이다.

이 선정에 든 자는 그 반연한 바를 보지만 그 나머지 대중은 모두 볼 수 없으니, 오직 이 삼매에 머무른 자는 제외한다.

여래께서 나타내시는 불가사의한 모든 부처님의 경계도 또한 이와 같아서 보살은 갖추어 보았지만 성문은 볼 수 없었다.

비유하면 마치 어떤 사람이 형상을 숨기는 약을 스스로 그 눈에 바르고 대중모임에 있으면서 가고 오고 앉고 섬에, 능히 보는 자가 없지만 대중모임 중의 일을 능히 모두 보는 것과 같다.

마땅히 알라, 여래께서도 또한 이와 같아서 세간을 초월하여 세간을 널리 보시지만, 모든 성문들은 볼 수 있는 바가 아니고, 오직 일체지의 경계에 향하여 나아가는 큰 보살들은 제외한다.

마치 사람이 태어남에 곧 두 천신이 있어 항상 서로 따라다니니, 하나는 '같이 태어남'이고, 둘은 '같은 이름'이라, 천신은 항상 사람을 보지만 사람은 천신을 보지 못하는 것과 같다.

마땅히 알라, 여래도 또한 이와 같아서 모든 보살들의 큰 집회 중에 계시면서 큰 신통을 나타내시지만 모든 큰 성문들은 모두 볼 수 없다.

비유하면 마치 비구가 마음이 자재함을 얻어 멸진정에 들면 육근으로 짓는 업이 모두 다 행해지지 않고 일체 말을 알지도 못하고 깨닫지 못하지만, 선정의 힘으로 유지되는 까닭으로 열반에 들지 않음과 같다.

일체 성문도 또한 그러하여 비록 다시 서다림 중에 머물러 있어서 육근을 구족하였으나 여래의 자재하심과 보살들의 대중모임에서 모든 짓는 일을 알지 못하고 보지 못하고 이해하지 못하고 들어가지 못하였다.

무슨 까닭인가?
여래의 경계는 매우 깊고 광대하여 보기 어렵고 알기 어려우며 측량하기 어렵고 헤아리기 어려우며, 모든 세간을 초월하여 불가사의하며 능히 파괴할 자가 없어서 일체 이승의 경계가 아니다.

그러므로 여래의 자재하신 위신력과 보살 대중모임과 서다림이 일체 청정한 세계에 널리 두루한, 이와 같은 등의 일을 모든 큰 성문들은 모두 알거나 보지 못하니 그 그릇이 아닌 까닭이다.

이때에 비로자나원광명 보살이 부처님의 위신력을 받들어 시방을 살펴보고 게송을 설하여 말씀하였다.

그대들은 마땅히
부처님의 도가 부사의함을 살펴보라.

이 서다림에서
신통한 힘을 나타내 보이시도다.

선서의 위신력으로
나타내시는 바가 다함없어
일체 모든 세간이
미혹하여 능히 알지 못하도다.

법왕의 깊고 미묘한 법이
한량없고 생각하기 어려워
나타내신 바 모든 신통을
온 세상이 헤아릴 수 없도다.

법이 모양 없음을 알았으니
그러므로 부처님이라 이름하지만
모양을 갖추어 장엄하심을
칭찬하여도 다할 수 없도다.

지금 이 서다림 안에서
큰 위신력을 나타내 보이심이
매우 깊고 끝이 없어서
말로 분별할 수 없도다.

그대들은 큰 위덕의
한량없는 보살 대중들을 보라.

시방의 모든 국토에서
와서 세존을 친견하도다.

원하는 바가 다 구족하고
행하는 바가 장애가 없으니
일체 모든 세간에서
능히 측량할 자가 없도다.

일체 모든 연각과
저 큰 성문들은
모두 다 보살의 행하는 경계를
알 수 없도다.

보살의 큰 지혜는
모든 지위를 모두 끝까지 다하고
용맹한 당기를 높이 세우니
꺾기 어렵고 흔들기 어렵도다.

모든 크게 이름난 보살들이
한량없는 삼매의 힘으로
나타내는 모든 신통 변화가
법계에 모두 충만하도다.

이때에 불가괴정진왕 보살이 부처님의 위신력을 받들어 시방을 살펴보고 게송을 설하여 말씀하였다.

그대들은 모든 불자들을 보라.
지혜와 공덕의 창고와
구경의 보리행으로
모든 세간을 편안하게 하도다.

그 마음은 본래 밝고 통달하여
모든 삼매에 잘 들어가
지혜는 끝이 없고
경계는 헤아릴 수 없도다.

지금 이 서다림이
갖가지로 다 장엄하게 꾸며지고
보살 대중들이 구름처럼 모여서
여래를 친근하고 머무르도다.

그대들은 집착하는 바 없는
한량없는 대중바다를 보라.
시방에서 이곳에 이르러 와서
보배 연꽃 자리에 앉았도다.

옴도 없고 또한 머무름도 없으며
의지함도 없고 희론도 없으며

때를 여읜 마음은 걸림이 없어
법계에 끝까지 이르렀도다.

지혜의 당기를 세우니
견고하여 흔들리지 않으며
변화가 없는 법을 알지만
변화하는 일을 나타내도다.

시방의 한량없는 세계
일체 모든 부처님 처소에
동시에 모두 나아가지만
또한 몸을 나누지 아니하도다.

그대들은 석가 사자의
자재하신 신통한 힘을 보라.
능히 보살 대중들로 하여금
일체가 함께 와서 모이게 하도다.

일체 모든 부처님 법이
법계가 다 평등하되
말인 까닭으로 같지 않음을
이 대중들이 모두 통달하였도다.

모든 부처님께서 항상
법계의 평등한 경계에 안주하시어

차별한 법을 연설하시니
말씀이 다함이 없도다.

이때에 보승무상위덕왕 보살이 부처님의 위신력을 받들어 시방을 살펴보고 게송을 설하여 말씀하였다.

그대들은 위없는 보살들의
광대한 지혜가 원만함을 보라.
때와 때 아닌 것을 잘 통달하고
대중들을 위하여 법을 연설하도다.

온갖 외도의 일체 모든 다른 논리를
꺾어 굴복시키고
널리 중생들의 마음을 따라
신통한 힘을 나타내도다.

바른 깨달음은 한량이 있는 것이 아니며
또한 한량이 없는 것도 아니니
한량있는 것과 한량없는 것을
모니께서 모두 초월하시었도다.

마치 해가 허공에 있음에
일체 처를 비추듯이

부처님 지혜도 또한 이와 같아서
삼세의 법을 밝게 통달하시었도다.

비유하면 마치 보름날 밤에는
달이 줄거나 이지러짐이 없듯이
여래도 또한 그러하여
흰 법이 모두 원만하도다.

비유하면 마치 허공 가운데 해가
운행을 잠깐도 그만둠이 없듯이
여래께서도 또한 이와 같아서
신통 변화를 항상 계속하시도다.

비유하면 마치 시방세계가
허공에 걸리는 바가 없듯이
세간 등불이 세상에 변화를 나타냄도
또한 그러하도다.

비유하면 마치 세간의 대지가
군생들이 의지하는 곳이듯이
세상을 비추는 등불의 법륜도
의지가 됨이 또한 이와 같도다.

비유하면 마치 맹렬하고 빠른 바람이
부는 바에 장애가 없듯이

부처님 법도 또한 이와 같아서
세간에 빠르게 두루하도다.

비유하면 마치 큰 물들레가
세계의 의지하여 머무르는 바이듯이
지혜 바퀴도 또한 그러하여
삼세 부처님의 의지하신 바로다.

이때에 무애승장왕 보살이 부처님의 위신력을 받들어 시방을 살펴보고 게송을 설하여 말씀하였다.

비유하면 마치 큰 보배 산이
모든 중생들을 요익하게 하듯이
부처님 산도 또한 이와 같아서
세간을 널리 이익하게 하도다.

비유하면 마치 큰 바닷물이
맑고 깨끗하여 더러움이 없듯이
부처님을 친견함도 또한 이와 같아서
모든 갈애를 능히 없애 주도다.

비유하면 마치 수미산이
큰 바다에서 솟았듯이

세간 등불도 또한 그러하여
법의 바다로부터 나왔도다.

마치 바다가 온갖 보배를 갖춤에
구하는 자가 다 만족하듯이
스승 없는 지혜도 또한 그러하여
보는 자가 모두 깨닫도다.

여래의 매우 깊은 지혜가
한량없고 수없으니,
그러므로 신통한 힘으로
나타내 보임이 생각하기 어렵도다.

비유하면 마치 공교한 환술사가
갖가지 일을 나타내 보이듯이
부처님의 지혜도 또한 이와 같아서
모든 자재한 힘을 나타내도다.

비유하면 마치 여의 보배가
일체 욕구를 능히 만족하게 하듯이
가장 수승한 이도 또한 그러하여
모든 청정한 서원을 만족하게 하도다.

비유하면 마치 밝고 깨끗한 보배가
일체 사물을 널리 비추듯이

부처님의 지혜도 또한 이와 같아서
중생들의 마음을 널리 비추도다.

비유하면 마치 팔면의 보배가
모든 방위를 평등하게 비추듯이
걸림 없는 등불도 또한 그러하여
법계를 널리 비추도다.

비유하면 마치 물을 맑히는 구슬이
모든 흐린 물을 능히 맑히듯이
부처님을 친견함도 또한 이와 같아서
모든 근이 다 청정해지도다.

이때에 화현법계원월왕 보살이 부처님의 위신력을 받들어 시방을 살펴보고 게송을 설하여 말씀하였다.

비유하면 마치 제청보배가
일체 색을 능히 푸르게 하듯이
부처님을 친견하는 자도 또한 그러하여
모두 보리의 행을 내게 되도다.

낱낱 미진 속에서
부처님께서 신통한 힘을 나타내시어
한량없고 가없는

보살들을 다 청정하게 하시도다.

매우 깊고 미묘한 힘은
가없어 알 수 없으니
보살의 경계도
세간에서 헤아릴 수 없도다.

여래께서 나타내시는 몸은
청정한 모양으로 장엄하시고
법계에 널리 들어가시어
모든 보살들을 성취하시도다.

생각하기 어려운 부처님 국토
거기서 정각을 이루시니
일체 모든 보살과
세주들이 다 가득하도다.

석가 위없는 세존께서
법에 모두 자재하시어
신통한 힘을 나타내 보이시니
가없고 헤아릴 수 없도다.

보살들의 갖가지 행이
한량없고 다함없으니

여래의 자재하신 힘으로
모두 나타내 보이도다.

불자들이 매우 깊은 모든 법계를
잘 닦아 배워서
걸림 없는 지혜를 성취하여
일체 법을 밝게 알도다.

선서의 위신력으로
대중들을 위하여 법륜을 굴리시니
신통 변화가 널리 충만하여
세상을 다 청정하게 하시도다.

여래는 지혜가 원만하고
경계도 또한 청정하니
비유하면 마치 큰 용왕이
모든 군생들을 널리 구제함과 같도다.

이때에 법혜광염왕 보살이 부처님의 위신력을 받들어 시방을 살펴보고 게송을 설하여 말씀하였다.

삼세 모든 여래의
성문 큰 제자들이
부처님의 발을 들고 발을 내리시는 일을

모두 알 수 없도다.

과거 미래 현재 세상의
일체 모든 연각들도
여래의 발을 들고 발을 내리시는 일을
알지 못하는데

하물며 모든 범부들은
번뇌에 얽히고 묶인 바이며
무명이 심식을 뒤덮었으니
능히 도사를 알리오.

정각의 걸림 없는 지혜가
언어의 길을 뛰어넘어
그 양을 헤아릴 수 없으니
누가 능히 알고 봄이 있으리오.

비유하면 마치 밝은 달빛을
끝 경계를 잴 수 없듯이
부처님 신통도 또한 그러하여
그 끝을 볼 수 없도다.

낱낱 모든 방편과
생각생각 변화하는 바를

한량없는 겁을 다하도록
생각하여도 알 수 없도다.

일체 지혜의
불가사의한 법을 생각해보니
낱낱 방편문의
끝 경계를 얻을 수 없도다.

만약 어떤 이가 이 법에
광대한 원을 일으키면
그는 이 경계를
알고 보는 것이 어렵지 않도다.

생각하기 어려운 큰 법바다를
용맹하게 부지런히 닦아 익히면
그 마음은 장애가 없어서
이 방편문에 들어가리라.

마음은 이미 조복되었고
뜻과 서원도 또한 넓고 넓어서
마땅히 큰 보리의
가장 수승한 경계를 얻으리라.

그때에 파일체마군지당왕 보살이
부처님의 위신력을 받들어 시방을

살펴보고 게송을 설하여 말씀하였다.

지혜의 몸은 몸이 아니니
걸림도 없고 생각하기 어려워
설령 생각하는 자가 있어도
일체가 미칠 수 없도다.

부사의한 업으로부터
이 청정한 몸이 일어나니
특수하고 미묘한 장엄이
삼계에 집착하지 않도다.

광명이 일체를 비추어
법계가 모두 청정하니
부처님 보리의 문을 열어
온갖 지혜를 출생하도다.

비유하면 마치 세간의 해와 같아서
지혜의 광명을 널리 놓아
모든 티끌과 때를 멀리 여의고
일체 장애를 멸하여 없애도다.

널리 삼유의 처소를 깨끗이 하여
생사의 흐름을 영원히 끊고

보살의 도를 성취하여
위없는 깨달음을 출생하도다.

가없는 빛을 나타내 보이니
이 빛이 의지한 곳 없어
나타낸 바가 비록 한량없으나
일체가 부사의하도다.

보리의 한 생각 사이에
능히 일체 법을 깨닫지만
여래 지혜의 끝 경계를
어떻게 측량하고자 하리오.

한 생각에 일체 삼세의 법을
모두 밝게 통달하니
그러므로 부처님 지혜는 다함없고
무너뜨릴 수도 없다고 말하도다.

지혜 있는 자는 마땅히 이와 같이
부처님의 보리만 오로지 생각하니
이 생각은 생각하기 어려워
생각해도 얻을 수 없도다.

보리는 말할 수 없음이라
언어의 길을 뛰어넘었으니

모든 부처님께서 여기서 나셨으니
이 법은 생각하기 어렵도다.

이때에 원지광명당왕 보살이 부처
님의 위신력을 받들어 시방을 살펴
보고 게송을 설하여 말씀하였다.

만약 보리의 다함없는 바다를
능히 잘 관찰하면
곧 어리석은 생각을 여의어
결정코 법을 받아 지니리라.

만약 결정한 마음을 얻으면
곧 미묘한 행을 능히 닦아서 선정의
고요함으로 스스로 깊이 생각하여
모든 의혹을 길이 끊도다.

그 마음이 피곤하지 않으며
또한 게으름도 없어서
점점 더 닦아 나아가
모든 부처님 법을 끝까지 이루리라.

믿음과 지혜를 이미 성취하였고
생각생각 더욱 늘어나게 하여

얻을 것 없고 의지할 것도 없는 법을
항상 즐겨하고 항상 관찰하도다.

한량없는 억천 겁 동안
닦은 바 공덕의 행을
모든 부처님께서 구하시던 도에
일체를 다 회향하리라.

비록 생사에 있으나
마음이 물들어 집착하지 않고
모든 부처님 법에 편안히 머물러
항상 여래의 행을 즐기도다.

세간의 있는 바
온과 계 등 모든 법을
일체를 다 버리어 여의고
오로지 부처님의 공덕만 구하도다.

범부는 허망한 의혹에 얽히어
세상에 항상 유전하니
보살이 마음에 걸림이 없어
그들을 구원하여 해탈케 하도다.

보살행은 말하기 어려운지라
온 세상이 생각할 수 없으니

일체 괴로움을 두루 없애고
널리 군생들에게 즐거움을 주도다.

보리의 지혜를 이미 얻었고
다시 모든 군생들을 가엾게 여기니
광명으로 세간을 비추어
일체 중생을 제도하여 해탈케 하도다.

이때에 파일체장용맹지왕 보살이 부처님의 위신력을 받들어 시방을 살펴보고 게송을 설하여 말씀하였다.

한량없는 억천 겁 동안
부처님 명호를 듣기 어려운데
하물며 다시 친근하여
모든 의혹을 영원히 끊으리오.

여래 세간의 등불이
일체 법을 통달하시고
널리 삼세의 복을 내시어
중생들을 모두 청정하게 하시도다.

여래의 미묘한 색신을
일체가 공경하고 칭찬하는 바이니

억 겁 동안 항상 우러러보아도
그 마음에 만족해 싫어함이 없도다.

만약 어떤 불자가
부처님의 미묘한 색신을 본다면
반드시 모든 존재의 집착을 버리고
보리의 길에 회향하리라.

여래의 미묘한 색신이
광대한 음성을 항상 내시니
변재가 장애 없어
부처님의 보리의 문을 열도다.

모든 중생들을 밝게 깨우치심이
한량없고 부사의함이라
지혜의 문에 들게 하여
보리의 수기를 주시도다.

여래께서 세간에 출현하시어
세상에 큰 복밭이 되시니
널리 모든 중생들을 인도하시어
그들이 복덕의 행을 모으게 하시도다.

만약 어떤 이가 부처님께 공양올리면
악도의 두려움을 길이 없애고

일체 괴로움을 소멸하여
지혜의 몸을 성취하도다.

만약 양족존을 친견하고
광대한 마음을 능히 내면
이 사람은 항상 부처님을 만나
지혜의 힘을 증장하리라.

만약 인간 가운데 수승한 이를 보고
뜻을 결단하여 보리로 향하면
이 사람은 반드시 정각 이룰 것을
능히 스스로 알리라.

이때에 법계차별원지신통왕 보살이 부처님의 위신력을 받들어 시방을 살펴보고 게송을 설하여 말씀하였다.

석가 위없는 세존께서
일체 공덕을 갖추시니
보는 자가 마음이 청정하여
큰 지혜에 회향하도다.

여래께서 크신 자비로
세간에 출현하시어

널리 모든 군생들을 위하여
위없는 법륜을 굴리시도다.

여래께서 수없는 겁 동안
부지런히 고행하여 중생을 위하셨으니
어떻게 모든 세간들이
큰 스승의 은혜를 갚을 수 있으리오.

차라리 한량없는 겁 동안
모든 악도의 고통을 받을지언정
마침내 여래를 버리고
벗어나기를 구하지 않으리로다.

차라리 모든 중생들을 대신하여
일체 고통을 다 받을지언정
마침내 부처님을 버리고
안락 얻음을 구하지 않으리로다.

차라리 모든 악도에 있으면서
항상 부처님 명호를 들을지언정
선한 길에 태어나 잠시라도
부처님 듣지 못함을 원하지 않으리로다.

차라리 모든 지옥에 태어나서
낱낱이 수없는 겁을 지낼지언정

마침내 부처님을 멀리 여의고
악도에서 벗어남을 구하지 않으리로다.

무슨 까닭으로 일체 모든 악도에
오래 머무르기를 원하는가?
여래를 친견하고
지혜를 더 늘리려는 까닭이로다.

만약 부처님을 친견하면
일체 고통을 멸하여 없애고
능히 모든 여래의
큰 지혜 경계에 들어가리라.

만약 부처님을 친견하면
일체 장애를 버리어 여의고
다함없는 복덕을 길러서
보리도를 성취하리라.

여래께서는 능히
일체 중생의 의심을 길이 끊고
그 마음에 좋아하는 바를 따라서
널리 다 만족하게 하시도다.

〈대방광불화엄경 제60권〉

회향송

아차보현수승행
무변승복개회향
보원침익제중생
속왕무량광불찰

시방삼세일체불
제존보살마하살
마하반야바라밀

廻向頌

我此普賢殊勝行
無邊勝福皆迴向
普願沈溺諸眾生
速往無量光佛剎

十方三世一切佛
諸尊菩薩摩訶薩
摩訶般若波羅蜜

大方廣佛華嚴經 — 부록

- 대방광불화엄경 목차

- 간행사

대방광불화엄경
목차

〈제1회〉

제1권	제1품	세주묘엄품 [1]
제2권	제1품	세주묘엄품 [2]
제3권	제1품	세주묘엄품 [3]
제4권	제1품	세주묘엄품 [4]
제5권	제1품	세주묘엄품 [5]
제6권	제2품	여래현상품
제7권	제3품	보현삼매품
	제4품	세계성취품
제8권	제5품	화장세계품 [1]
제9권	제5품	화장세계품 [2]
제10권	제5품	화장세계품 [3]
제11권	제6품	비로자나품

〈제2회〉

제12권	제7품	여래명호품
	제8품	사성제품
제13권	제9품	광명각품
	제10품	보살문명품
제14권	제11품	정행품
	제12품	현수품 [1]
제15권	제12품	현수품 [2]

〈제3회〉

제16권	제13품	승수미산정품
	제14품	수미정상게찬품
	제15품	십주품
제17권	제16품	범행품
	제17품	초발심공덕품
제18권	제18품	명법품

〈제4회〉

제19권 제19품 승야마천궁품

　　　　제20품 야마궁중게찬품

　　　　제21품 십행품 [1]

제20권 제21품 십행품 [2]

제21권 제22품 십무진장품

〈제5회〉

제22권 제23품 승도솔천궁품

제23권 제24품 도솔궁중게찬품

　　　　제25품 십회향품 [1]

제24권 제25품 십회향품 [2]

제25권 제25품 십회향품 [3]

제26권 제25품 십회향품 [4]

제27권 제25품 십회향품 [5]

제28권 제25품 십회향품 [6]

제29권 제25품 십회향품 [7]

제30권 제25품 십회향품 [8]

제31권 제25품 십회향품 [9]

제32권 제25품 십회향품 [10]

제33권 제25품 십회향품 [11]

〈제6회〉

제34권 제26품 십지품 [1]

제35권 제26품 십지품 [2]

제36권 제26품 십지품 [3]

제37권 제26품 십지품 [4]

제38권 제26품 십지품 [5]

제39권 제26품 십지품 [6]

〈제7회〉

제40권 제27품 십정품 [1]

제41권 제27품 십정품 [2]

제42권 제27품 십정품 [3]

제43권 제27품 십정품 [4]

제44권 제28품 십통품

　　　　제29품 십인품

제45권 제30품 아승지품

　　　　제31품 수량품

　　　　제32품 제보살주처품

제46권 제33품 불부사의법품 [1]

제47권 제33품 불부사의법품 [2]

제48권	제34품	여래십신상해품
	제35품	여래수호광명공덕품
제49권	제36품	보현행품
제50권	제37품	여래출현품 [1]
제51권	제37품	여래출현품 [2]
제52권	제37품	여래출현품 [3]

〈제8회〉

제53권	제38품	이세간품 [1]
제54권	제38품	이세간품 [2]
제55권	제38품	이세간품 [3]
제56권	제38품	이세간품 [4]
제57권	제38품	이세간품 [5]
제58권	제38품	이세간품 [6]
제59권	제38품	이세간품 [7]

〈제9회〉

제60권	**제39품**	**입법계품 [1]**
제61권	제39품	입법계품 [2]
제62권	제39품	입법계품 [3]
제63권	제39품	입법계품 [4]
제64권	제39품	입법계품 [5]
제65권	제39품	입법계품 [6]
제66권	제39품	입법계품 [7]
제67권	제39품	입법계품 [8]
제68권	제39품	입법계품 [9]
제69권	제39품	입법계품 [10]
제70권	제39품	입법계품 [11]
제71권	제39품	입법계품 [12]
제72권	제39품	입법계품 [13]
제73권	제39품	입법계품 [14]
제74권	제39품	입법계품 [15]
제75권	제39품	입법계품 [16]
제76권	제39품	입법계품 [17]
제77권	제39품	입법계품 [18]
제78권	제39품	입법계품 [19]
제79권	제39품	입법계품 [20]
제80권	제39품	입법계품 [21]

간 행 사

　귀의삼보 하옵고,

　『대방광불화엄경』의 수지 독송과 유통을 발원하면서 수미정사 불전연구원에서 『독송본 한문·한글역 대방광불화엄경』과 『사경본 한글역 대방광불화엄경』을 편찬하여 간행하게 되었습니다.

　『화엄경』은 우리나라에 전래된 이래 일찍부터 사경되고 주석·강설되어 왔으며 근현대에 이르러서는 『화엄경』의 한글 번역과 연구도 부쩍 많이 이루어졌습니다. 그만큼 『화엄경』이 우리 불자님들의 신행과 해탈에 큰 의지처가 되었던 것임을 알 수 있습니다.

　『화엄경』을 독송하고 사경하는 공덕은 설법 공덕과 함께 크게 강조되어 왔습니다. 그리하여 수미정사 불전연구원에서도 『화엄경』(80권)을 독송하고 사경하는 데 도움이 되도록 한문 원문과 한글역을 함께 수록한 독송본과 한글역의 사경본 『화엄경』 간행불사를 발원하였습니다. 이 『화엄경』 간행불사에 뜻을 같이하여 적극 후원해주신 스님들과 재가 불자님들께 깊이 감사드립니다. 또한 『화엄경』을 수지 독송할 수 있도록 경책의 모습으로 장엄해 주신 편집위원들과 담앤북스 출판사 관계자들께도 고마움을 표합니다.

　끝으로 이 불사의 원만 회향으로 『화엄경』이 널리 유통되고, 온 법계에 부처님의 가피가 충만하시길 기원드립니다.

　나무 대방광불화엄경

불기 2564년 '부처님오신날'을 봉축하며
수미해주 합장

위태천신(동진보살)

수미해주 須彌海住

호거산 운문사에서 성관 스님을 은사로 출가, 석암 대화상을 계사로 사미니계 수계, 월하 전계사를 계사로 비구니계 수계, 계룡산 동학사 전문강원 졸업, 동국대학교 불교대학 및 동 대학원 졸업, 철학박사, 가산지관 대종사에게서 전강, 동국대학교 불교대학 교수, 동학승가대학 학장 및 화엄학림 학림장, 중앙승가대학교 법인이사 역임.
(현) 수미정사 주지, 동국대학교 명예교수.
저·역서로 『의상화엄사상사연구』, 『화엄의 세계』, 『정선 원효』, 『정선 화엄 1』, 『정선 지눌』, 『법계도기 총수록』, 『해주스님의 법성게 강설』 등 다수.

사경본 한글역
대방광불화엄경 제60권

| 초판 1쇄 발행_ 2025년 9월 24일

| 엮 은 이 _ 수미해주
| 엮 은 곳 _ 수미정사 불전연구원
| 편집위원_ 해주 수정 경진 선초 정천 석도 박보람 최원섭
| 편 집 보 _ 무이 무진 지욱 혜명

| 펴 낸 이 _ 오세룡
| 펴 낸 곳 _ 담앤북스
　　　　　　서울특별시 종로구 새문안로3길 23 경희궁의 아침 4단지 805호
　　　　　　대표전화 02)765-1251 전자우편 dhamenbooks@naver.com
　　　　　　출판등록 제300-2011-115호
| ISBN_ 979-11-6201-557-5 04220

이 책은 저작권 법에 따라 보호받는 저작물이므로 무단전재와 복제를 금합니다.
이 책 내용의 전부 또는 일부를 이용하려면 반드시 저작권자와 담앤북스의 서면 동의를 받아야 합니다.

정가 10,000원
ⓒ 수미해주 2025